NOTICE

SUR LA VIE DE

MME LE GARDEUR DE TILLY

Née DE TURPIN DE JOUHÉ

PIEUX SOUVENIRS!

PAR

Mlle DE P.

BORDEAUX

FÉRET ET FILS, LIBRAIRES-ÉDITEURS

15, COURS DE L'INTENDANCE, 15

1879

Mᵐᵉ LE GARDEUR DE TILLY

NOTICE

SUR LA VIE DE

MME LE GARDEUR DE TILLY

Née DE TURPIN DE JOUHÉ

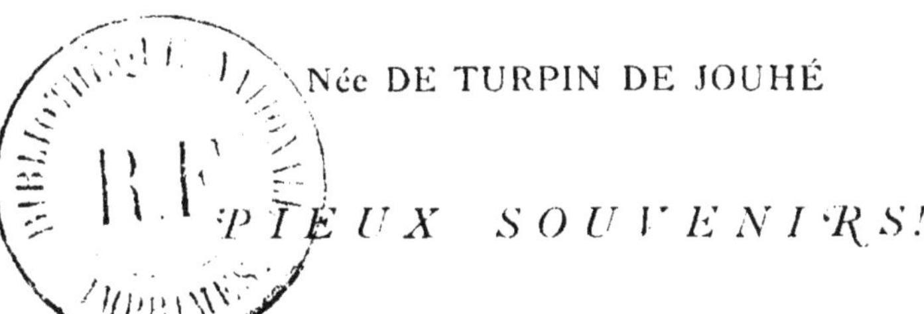

PIEUX SOUVENIRS!

PAR

Mlle DE P.

BORDEAUX

FÉRET ET FILS, LIBRAIRES-ÉDITEURS

15, COURS DE L'INTENDANCE, 15

1879

A NOTRE-DAME DE LOURDES!

O MARIE!

C'est votre nom béni que je veux inscrire le premier sur ces pages, dictées par mon amour filial !!

Je les confie à votre cœur immaculé, doux abri de mes joies, refuge de mes douleurs !

Puissent-elles, en glorifiant l'humble vie d'une grande chrétienne et d'une incomparable mère, atteindre mon but, et obtenir les divines faveurs !

Blanquefort, 21 novembre 1878.

Quel emblème plus glorieux! quel plus touchant symbole pouvais-je choisir en commençant le récit d'une vie si profondément chrétienne, remplie par tant de poignantes douleurs!

A l'ombre du Calvaire, s'abritent toutes les âmes vraiment fortes...

Ma grand'mère Le Gardeur de Tilly était de ce nombre; aussi, à son existence traversée par l'épreuve, glorifiée dans la croix, aucune devise ne me paraît mieux convenir que la belle maxime des chrétiens, et plus spécialement de la grande œuvre catholique et sociale à laquelle j'ai le bonheur d'appartenir! Oui, nous vaincrons par ce signe glorieux de la croix! A ses pieds, j'implore le secours divin en présence d'une tâche difficile, car, ainsi que l'a dit une femme distinguée [1] : « Pour

(1) Mme Craven.

écrire la vie d'une sainte, il faudrait l'être soi-même. » Cependant, personne n'est, hélas! plus indigne que moi de retracer les exemples d'une si haute vertu! Mais comptant sur les lumières d'en haut et l'intercession bénie d'une mère au ciel, je ne crains pas d'entreprendre ce travail, destiné à perpétuer dans notre famille les pieux souvenirs d'une sainte mère, héroïquement chrétienne dans la pratique de ses devoirs.

C'est là mon unique ambition; et si, en atteignant ce premier but, il m'était donné d'exciter encore dans quelques cœurs le sublime désir de la sainteté, j'aurais recueilli de cet humble labeur la plus grande des récompenses!

I

Il y a environ dix mois, quelques jours avant la terrible maladie qui l'enleva à notre amour, j'étais avec ma mère; nous causions toutes les deux sur des sujets graves et doux, comme cela nous arrivait souvent; j'aimais à lui demander le récit des jours passés, j'aimais surtout à l'entendre parler de ma grand'mère de Tilly, dont l'aimable vertu m'inspirait un attrait singulier; ce jour-là, en écoutant une des anecdotes frappantes de sa vie, je ne pus contenir mon émotion, et, dans mon admiration je m'écriai : « Oh! que je serais heureuse d'écrire quelque chose sur elle! qu'il me serait doux de la faire revivre par le récit de ses nombreux mérites! » Ce souhait parut faire tant de plaisir à ma chère mère, que je me proposai de le réaliser promptement; puis vinrent les jours de souffrances, d'angoisses inexprimables, suivies de la déchirante séparation !

Le souvenir de ces heures cruelles ne s'effacera jamais de mon cœur. Je me demande avec effroi ce que nous serions devenus sans la force divine, appui suprême des grandes douleurs. Dieu soit loué! malgré l'inguérissable blessure, nous nous sommes relevés pour travailler encore, afin d'arriver plus tôt au céleste séjour de la réunion!

Celle dont je voudrais retracer l'image — Angélique-Hélène de Turpin — avait été frappée bien jeune du plus irréparable des malheurs : deux ans après sa naissance elle perdit sa mère, Constance Achard de Joumard, qui mourut au château de Balanzac (près de Saintes), âgée seulement de vingt-deux ans, laissant quatre filles dont ma grand'mère était la dernière.

La famille de Turpin de Jouhé [1], une des plus anciennes parmi la noblesse de la Saintonge, occupait encore une belle position dans le pays.

M. Jean-Baptiste-Claude de Turpin de Jouhé était capitaine des vaisseaux du roi, chevalier de Saint-Louis, seigneur de Forêts et de Balanzac, terres fort considérables dont le château existe encore.

C'est là que fut élevée, par sa respectable aïeule, Hélène, ainsi que ses trois sœurs, Julie, Céleste et Constance.

La Révolution venait d'éclater; avec elle devaient

---

[1] Elle compte parmi ses ancêtres le célèbre archevêque Turpin, dont les récits historiques font mention à la cour de Charlemagne.

arriver la persécution et l'exil pour tout ce qui était digne d'amour et de respect!... La religion fut la première attaquée; bientôt ses ministres ne purent exercer leurs saintes fonctions qu'à l'aide de déguisements.

Dans la paroisse de Corme-Royal [1], où étaient situées les seigneuries de Balanzac et de Forêts, le vénérable curé dut se couvrir des habits d'un gendarme pour aller administrer les derniers sacrements à Mme Achard de Joumard, unique soutien des quatre jeunes filles, dont le père venait d'être déclaré suspect, et, comme tel, retenu prisonnier dans sa propre maison de Forêts, où il était surveillé par les gardes-nationaux de la commune.

Mais la Providence ne pouvait abandonner ces intéressantes orphelines; elles furent confiées, après la mort de leur grand'mère, à Mlle Sureau, respectable institutrice, qui avait établi à Saintes un petit pensionnat de jeunes filles. Hélène profita merveilleusement des leçons qu'elle reçut dans cet asile, où son intelligence et son cœur acquirent leur premier développement, dont les admirables résultats devaient se manifester plus tard, dans sa carrière d'épouse et de mère.

Pendant les plus mauvais jours de la Terreur elle eut le bonheur de faire sa première communion.

(1) Corme-Royale, commune des environs de Saintes, à 12 kilomètres.

Dans le grenier d'une maison qui existe encore à Saintes, rue de la Loi, un prêtre caché lui donna ce pain de l'Eucharistie qui fait les âmes fortes et les rend capables de supporter toutes les épreuves. Avec quelle foi, quelle reconnaissance, ce cœur d'enfant si bien préparé, si heureusement doué, dut-il recevoir le Dieu proscrit de ses temples, réduit à demander l'hospitalité d'une mansarde dans la grande nation, marquée au berceau de ses plus insignes faveurs! Le calme revint enfin; l'Église reprit la liberté de son culte; les couvents, indignement fermés, rouvrirent leurs portes; celui des filles de Notre-Dame, à Poitiers, reçut de nouveau les jeunes élèves que lui avait arrachées l'implacable Révolution! Hélène de Turpin entra dans cette sainte maison pour y achever son éducation; mais elle ne put y séjourner longtemps, car son père allait être seul. Deux de ses filles s'étaient mariées, et Constance venait de se consacrer à Dieu dans le monastère de la Visitation [1] de Poitiers.

(1) Elle y est morte entourée de la vénération générale, ainsi que le constate le panégyrique suivant :

« De notre monastère de Poitiers, 23 octobre 1823.

» VIVE JÉSUS !

» Nos très honorées et bien chères sœurs,

» La main paternelle de notre Divin Maître, toujours adorable, vient de nous frapper d'un coup bien dur et bien affligeant pour nos cœurs, en appelant à lui notre très honorée mère : CLAIRE-EULALIE DE TURPIN.

Hélène comprit quels étaient ses devoirs vis-à-vis d'un père âgé et infirme; elle lui prodigua ses soins avec tendresse, heureuse de prouver son amour par un dévouement sans limite; souvent, réveillée, dans la nuit, par les plaintes du vieillard souffrant, elle accourait près de lui, afin d'apporter

» Nous n'entreprendrons point de peindre à vos charités la douleur profonde où cette cruelle perte a plongé notre communauté; nous nous bornerons à faire un très court abrégé de sa vie et de ses vertus, ne voulant point dépasser les bornes d'une lettre ordinaire.

» D'après les rapports qu'elle a eus avec plusieurs supérieures de l'ordre, la plupart de nos maisons connaissent son mérite et ses talents. Cette chère et respectable défunte était née à Saintes, d'une famille illustre et vertueuse. Plusieurs de Messieurs ses parents se sont distingués, dans les malheurs de la Révolution, par leur attachement à la religion et à leur roi. M. de Turpin son père occupait une place très honorable dans la marine, au moment de ces tristes événements; étant devenu veuf fort jeune, il prit un grand soin de l'éducation de ses filles qui y répondirent toutes. Trois sont dans le monde, des mères chrétiennes et des épouses vertueuses; la quatrième est celle dont nous pleurons la perte. Cette chère mère a toujours été un exemple de régularité et un modèle frappant de courage; car, malgré sa complexion faible et délicate, beaucoup d'infirmités, elle a suivi exactement tous nos exercices, pendant les quinze années que nous avons eu le bonheur de la posséder parmi nous. Elle était douée de beaucoup de capacité : on s'en prévalut, peu de temps après sa profession, pour la mettre aide à l'économie et aux archives; elle s'acquitta de ces fonctions avec grand soin, et au contentement de ses supérieures.

» Elle fut, quelques années après, élue assistante, et à la mort de notre très honorée mère *Geneviève - Thérèse Faulcon,* nous la mîmes avec confiance à la tête de notre communauté, quoique bien jeune encore. Le seigneur ne nous a pas laissé goûter longtemps la bonté de son gouvernement; son premier triennal n'étant pas encore fini, cette chère mère a été victime du fardeau de la supériorité. Si d'un côté elle avait les talents pour remplir cet important emploi, d'un autre elle était d'un tempérament trop faible pour supporter la sollicitude de cette pénible charge. Au mois de février dernier elle fut atteinte d'une fièvre maligne et nerveuse; cette complication de maux nous alarma beaucoup, mais les remèdes appliqués à propos paraissant produire bon effet nous nous livrâmes à l'espoir... Elle parut en effet se relever de cette maladie, mais ne se rétablit qu'imparfaitement. Depuis, sa un peu de soulagement aux plaies qui couvraient ses membres... Hélène n'avait alors que vingt ans, cet âge plein de rêves et de promesses où les jeunes filles sont d'ordinaire si envieuses de plaisirs !... Mais celle-là était d'une autre trempe; son cœur, mûri par les épreuves qui avaient entouré

vie a toujours été languissante; son courage n'ayant point été abattu par les épreuves physiques, elle reprit de temps en temps une partie de nos saints exercices; mais il lui fallut bientôt céder aux ordres de la divine Providence et se rendre de nouveau à l'infirmerie. Après y avoir séjourné cinq ou six semaines, au moment où nous la croyions mieux, elle fut frappée du coup qui l'a conduite au tombeau.

» Le 22 août, elle se trouva fort mal vers les midi. Notre père spirituel, sur sa demande, entendit sa confession et lui administra ensuite les sacrements qu'elle reçut en parfaite connaissance, avec les plus grands sentiments d'amour et de confiance; elle demanda pardon à la communauté réunie autour de son lit, et toutes les sœurs, fondant en larmes, la prièrent aussi de leur pardonner. Cette bonne mère nous dit alors les choses les plus tendres et les plus affectueuses, nous fit un adieu des plus touchants... En lisant, nos bien-aimées et chères sœurs, les derniers adieux de notre mère de Chantal, vous verrez presque mot à mot ceux qu'elle nous a adressés. Vous pouvez juger dans quel état étaient nos cœurs!... Nous lui demandâmes sa bénédiction; elle s'excusa de nous la donner en présence du grand-vicaire; celui-ci s'étant retiré, elle réitéra avec force son dernier adieu et nous bénit dans la sincérité d'un cœur bien maternel. Vers cinq heures du matin elle rendit son âme à son divin Époux, en présence de la communauté, au moment où l'on répétait les prières de la recommandation de l'âme et qu'on invoquait le nom de Marie !

» Voilà, nos très aimées sœurs, un bien faible tableau de la vie et des vertus de celle que nous avons sincèrement pleurée. Le vénérable ecclésiastique qui l'a assistée dans ce terrible passage et l'avait confessée quelquefois, nous a dit que la terre n'était plus digne de la porter; mais comme les jugements de Dieu sont inconnus, nous recommandons à vos prières cette âme que nous croyons bien en possession du céleste héritage, pour lequel elle avait tout abandonné.

» Elle était âgée de 39 ans, dont 14 de profession. »

(Extrait de la lettre des sœurs de la Visitation
Sainte-Marie, du monastère de Poitiers.)

son enfance, portait vaillamment le fardeau d'une existence austère, entièrement consacrée au devoir.

Après trois années d'infirmités et de douleurs (1808), le chevalier de Turpin quitta la vie sans avoir eu la consolation d'établir celle qui avait été l'ange gardien de ses derniers jours!... Il la laissait heureusement sous la protection d'une bonne sœur, Mme Charles de Turpin de Jouhé, près de laquelle Hélène se retira aussitôt la mort de son père. Elle était alors dans tout l'éclat de la jeunesse et de la beauté; la miniature qui est sous mes yeux me la représente à cette époque, où elle attirait déjà les regards plus encore par le charme de sa personne que par la régularité de ses traits. Son âme si tendre se révélait tout entière dans ses grands yeux bleus qu'une expression vive et fine animait souvent. Une grande distinction de tournure, d'esprit, de manières, la faisait remarquer entre toutes les femmes de son rang.

Il y avait en elle ce mélange si rare de majesté et de bonté, de grandeur et d'affabilité, qui inspire à la fois la sympathie et le respect; aussi était-elle profondément appréciée et aimée de tous ceux qui la voyaient; on recherchait sa conversation remplie d'une douce gaieté, mais en même temps d'une exquise délicatesse pour tout ce qui concernait le prochain. Ne pouvant souffrir l'ombre de la médisance, elle évitait jusqu'à la plus petite plaisanterie un peu mordante; cependant le monde, lui si éloigné d'une telle charité, rendait hommage à sa vertu en la recherchant; mais elle s'y montrait rarement.

Ses domestiques et les pauvres l'approchaient sans crainte, lui exposaient souvent leurs peines sans que sa patience fît défaut; elle les écoutait volontiers, les consolait avec une inépuisable bonté, ne les congédiant jamais sans leur donner un espoir ou leur promettre l'appui de ses secours.

Tel est, sur cette âme d'élite, le témoignage universel des personnes qui l'ont connue et dont les fidèles souvenirs m'ont si puissamment aidée dans cette pâle et bien imparfaite esquisse.

Un pareil ensemble de qualités était bien fait pour exciter l'ambition des prétendants; ils furent nombreux, en effet, pour solliciter la main d'Hélène, mais entre tous, elle fixa son choix sur M. Alexandre Le Gardeur de Tilly [1], officier de marine. L'honorabilité de sa famille était incontestable; ses sentiments, ceux d'un solide chrétien. Une foi profonde le caractérisait; il pratiquait ses devoirs religieux sans faux respect humain comme

[1] On trouvera plus loin quelques détails sur la famille Le Gardeur de Tilly.

sans ostentation, avec la même ponctualité que les obligations de son grade.

Tous les ans on le voyait s'approcher de la table sainte, pour remplir son devoir pascal; mais avant de s'agenouiller au divin banquet, il déposait son épée, ne voulant apporter au Dieu de paix qu'un cœur humble et soumis.

C'était là l'époux destiné par le Ciel à devenir le soutien d'une des jeunes filles les plus distinguées de la Saintonge. Hélène de Turpin comprit bientôt quels étaient sur elle les desseins de Dieu; sa grande piété lui avait parfois suggéré l'idée d'embrasser, comme sa sœur Constance, la vie religieuse; mais, après avoir consulté le Seigneur par la réflexion et la prière, elle accepta ce mariage, basé sur les trois conditions essentielles de toute union chrétienne, qui, ainsi que nous le disait naguère un orateur et un saint évêque [1], « doit consister dans une triple communauté de foi, de tendresse et de dévouement. » Le 24 octobre 1808, quelques mois seulement après la mort de M. de Turpin, fut accomplie cette union qui devait être si abondamment bénie et si cruellement éprouvée!...

Les nouveaux époux habitèrent, durant la première année de leur mariage, à La Salle [2],

----

(1) Mgr Mermillod.
(2) Commune de Champagne, près Saint-Aignan.

propriété du contre-amiral de Tilly. Ce vieillard, seul depuis longtemps dans sa grande demeure, se félicita bientôt d'avoir près de lui son aimable belle-fille. De son côté, Hélène, heureuse de se dévouer, lui prodigua ses soins avec un véritable amour filial. Ce séjour, fort triste par lui-même, avait en outre l'inconvénient d'être éloigné de l'église; c'était une bien grande privation pour l'âme si pieuse de Mme de Tilly : chaque dimanche, bravant la longueur du chemin et l'intempérie des saisons, elle se rendait à la paroisse, pauvre temple délabré où, grâce à son zèle, le culte fut rétabli avec honneur. Elle acheta des vases sacrés, confectionna des ornements, se faisant un bonheur de secourir, dans la pauvreté du tabernacle, le Dieu caché de l'Eucharistie!...

C'est ainsi que débuta dans la vie conjugale cette jeune et charmante femme, paraissant à tous si bien douée pour plaire au monde et y occuper une place brillante; mais son cœur était trop grand pour être satisfait des mesquines joies de la terre; il lui fallait plutôt les saintes émotions de la maternité et les ardeurs du sacrifice! Elles se rencontrèrent souvent sur sa route, pour lui faire gravir rapidement le sommet lumineux de la sainteté!

Dès l'année qui suivit son mariage, Mme de Tilly

donna le jour à une fille, Elise, née le 1er septembre 1809; cette naissance fut suivie de deux autres en peu de temps : celles d'un fils, Jules, le 3o novembre 1810, et onze mois après, d'un second garçon appelé Gaspard.

Mais alors la santé de la jeune mère ayant été ébranlée par l'air malsain des environs de Rochefort, mon grand-père se décida à quitter l'habitation des Rosiers[1], où il était fixé depuis un an, pour faire l'acquisition du Chantreau, domaine situé à une courte distance de Saintes. Cette nouvelle résidence convenait beaucoup mieux que les précédentes aux goûts et aux habitudes de ma grand'mère.

La maison, d'un aspect modeste, était entourée de bois et de prairies; dans une des allées ombragées et solitaires de la garenne, la pieuse maîtresse du nouveau logis résolut de choisir un petit oratoire champêtre, pour s'y recueillir devant Dieu, loin de toute agitation.

Une pierre placée au pied d'un arbre auquel était suspendu un crucifix en cuivre formait l'unique ornement de cet autel improvisé, dont le chant des oiseaux interrompait seul l'austère silence.

C'est là que notre sainte venait se retremper

(1) Commune de Champagne, près Saint-Aignan.

dans l'amour de ses devoirs, multipliés par l'ac-
croissement de sa famille. En 1812 et en 1815,
deux autres enfants, Céleste et Henri, vinrent
agrandir le cercle de ce charmant foyer.

Mon grand-père, en homme prévoyant, songeait
à l'avenir. Son attrait pour la marine et les souvenirs récents de ses lointains voyages ajoutaient
encore à son légitime désir de reprendre sa belle
carrière. L'occasion était excellente : les Bourbons,
en rentrant en France, y rapportaient la sécurité
et le bonheur. Tout ce qui avait un nom et des
forces à donner les devait au service de cette
grande cause, d'autant plus digne d'hommages
qu'elle était plus décriée par nos ennemis. M. de
Tilly reçut alors le grade de lieutenant de vaisseau,
ce qui l'obligea à quitter le Chantreau pour s'établir
à Rochefort, ainsi que sa jeune famille. Ma
grand'mère trouva bientôt dans cette petite ville le
bien si rare et si précieux d'une véritable amie; ce
fut la femme du préfet maritime, Mme de Maurville.
Bien faites en tous points pour se comprendre, ces
deux vaillantes chrétiennes se livrèrent ensemble à
des œuvres de bienfaisance qui leur méritèrent le
titre glorieux d'anges protecteurs de la ville.

Malgré ses occupations de mère de famille
et l'accomplissement exact des devoirs religieux,
Mme de Tilly trouvait encore le temps d'édifier et

de charmer la société, pour laquelle elle se sentait peu de goût.

Ici se place tout naturellement un épisode dont le récit m'a profondément touchée et qui, je n'en doute pas, sera admiré des personnes qui le liront.

Obligée par sa position d'assister souvent aux fêtes de la préfecture maritime, ma grand'mère y brillait entre toutes par la distinction de ses manières et sa beauté physique; mais en considérant sa mise modeste, son extérieur plein de douceur, la limpidité de son regard, on l'aurait prise plutôt pour une première communiante que pour une femme du monde. Un événement devait révéler encore davantage la haute vertu de ce cœur déjà fermé aux moindres vanités de la terre!

Il était question à Rochefort du lancement d'un navire; toutes les autorités de la ville furent convoquées à cette fête, suivie d'un grand bal donné par le préfet.

L'embarras de Mme de Tilly fut alors bien grand; s'il ne s'était agi que de ses goûts et d'elle-même, son refus eût été vite prononcé; mais il y avait des ménagements à garder, des devoirs à remplir vis-à-vis d'un chef, qui lui faisaient en quelque sorte l'obligation d'accepter; d'ailleurs c'était le désir de son mari. Elle s'y résigna donc, non sans

regret, car avec de nombreux enfants et des
revenus modiques, il lui était difficile de paraître
dans la tenue qu'exigeaient son âge et son rang. En
pareille circonstance, toute autre jeune femme
un peu moins sérieuse eût promptement résolu
cette difficulté; mais pour elle le devoir était tout!
Aussi devant ce grand maître de la vie chrétienne
n'hésita-t-elle pas un instant. Sans doute, il lui
fallait une toilette; mais, loin d'être brillante comme celles qui devaient s'étaler, la sienne
consisterait en une simple robe de percale
blanche...

Ce fut donc sous ce costume d'une modestie
si remarquable, que ma grand'mère parut dans
cette nombreuse réunion, où son entrée causa
une véritable sensation. Déjà, elle avait conquis
les sympathies par sa gracieuse bonté; mais son
apparition fut, ce soir-là, un réel triomphe! Sa
beauté rehaussée par la simplicité de sa toilette
et le charme de toute sa personne, reçut un
universel hommage. Tous s'inclinèrent en face
d'un tel exemple de vertu, accompagné d'attraits
si puissants...

Il est à supposer qu'elle fut enviée des jeunes
élégantes, dont les riches ornements demeurèrent
sans succès; et cependant, chose étonnante (car
les femmes du monde pardonnent difficilement à

leurs semblables une supériorité quelconque), toutes celles du bal applaudirent à l'hommage décerné si unanimement à Mme de Tilly. Pour elle, ses sentiments furent, au retour de cette soirée, ce qu'ils étaient auparavant : la sérénité du devoir accompli, en même temps qu'une profonde reconnaissance envers le Seigneur, qui seul conduit toutes choses pour le bien de ses élus!

II

L'épreuve allait bientôt ajouter un nouvel éclat aux vertus déjà si remarquables de cette âme d'élite, car le Seigneur avait résolu de frapper son cœur dans ses plus chères affections!

Peu de semaines après la fête dont je viens de parler, une cruelle épidémie de rougeole et de croup se déclara à Rochefort. Les enfants surtout subirent en grand nombre cette maligne influence; ceux de Mme de Tilly furent des premiers atteints. Élise, l'aînée, tomba malade, mais on put la sauver, tandis que la dernière née, Alexandrine, succomba en peu de jours au terrible fléau... et cela pendant l'absence de mon grand-père, alors en voyage.

Ce fut pour le cœur si tendre de cette admirable mère la première des cruelles blessures qui devaient, hélas! faire souvent saigner son âme!

Quitter Rochefort lui parut le plus sûr moyen

de faire éviter la contagion à ses chers petits anges, dont le Seigneur voulait disposer pour le Ciel!

Le Chantreau devint l'habitation momentanée de l'intéressante famille; mais deux autres enfants, Céleste et Henri, apportaient avec eux le germe fatal; ils furent enlevés dans moins de trente jours, l'un au Chantreau, le 27 avril, l'autre à Saintes, le 14 mai suivant.

La moitié de sa famille avait donc ainsi disparu! Quelle épreuve!!! Perdre en si peu de temps trois des êtres chéris qu'elle avait entourés de ses soins, couverts de sa tendresse, et que son amour eût voulu préserver au prix de tous les sacrifices!... Ces douleurs incomparables sont de celles que peuvent seuls comprendre les cœurs qui les ont ressenties!... Mais l'âme si aimante de ma sainte grand'mère possédait la force par excellence dans le trésor d'une foi profonde, unie à l'espérance du Ciel. Elle adora la divine sagesse qui mesure le secours aux épreuves, s'inclina sous la main miséricordieuse qui frappe et guérit, porta enfin la croix pesante qui lui était imposée avec le courage d'une grande chrétienne.

Après les saintes joies du sacrifice, Dieu lui réservait celles du souvenir. Les trois anges étaient partis pour le ciel, mais leurs noms furent écrits par l'héroïque mère au bas d'une gravure représentant les délices dont jouissent les élus dans le paradis; elle y traça ces quelques mots : « Henri, Alexandrine, Céleste y sont aussi! » L'intime conviction que ces chers enfants possédaient un bonheur que le séjour de la terre eût peut-être pu leur enlever, était une immense consolation pour ce cœur de mère! n'avait-elle pas déjà rempli une partie de sa tâche, en donnant au Seigneur trois chérubins occupés à chanter ses louanges?

Afin de se retremper dans ces douces pensées, elle aimait à venir s'agenouiller souvent devant ce tableau, pieux mémorial!!

Ainsi que nous le disait naguère notre moderne saint François de Sales [1], « la souffrance est une chaire, un autel et un tabernacle. » La chaire, d'où descendent, avec la douleur, les grands enseignements de la vie; l'autel, où l'âme est immolée par le glaive du sacrifice; le tabernacle, dont le chrétien sort purifié, agrandi, préparé aux grandes luttes et aux vrais triomphes! Il en fut ainsi pour Mᵐᵉ de Tilly : loin de se laisser abattre, elle se releva pleine d'énergie pour l'accomplissement de ses nombreux devoirs. Trois enfants lui restaient : Élise, Jules et Gaspard; c'était sur eux désormais que se concentrerait son inépuisable tendresse.

[1] Mᵍʳ Mermillod.

L'absence de son mari, nouvelle cause d'occupation et de responsabilité, l'obligea de veiller elle-même à la gestion des propriétés, qu'elle administra toujours avec une grande sagesse.

Durant ces mois de veuvage et de solitude passés au Chantreau, son plus grand bonheur était de venir chaque matin fortifier son âme par la prière dans le petit oratoire champêtre qu'elle avait improvisé; plusieurs fois, pendant le jour, elle revenait s'y agenouiller et verser les pieuses effusions de son cœur. Puis elle visitait les pauvres du village, faisant en sorte de soulager toutes leurs misères, dont l'ignorance était certainement une des plus grandes. Afin d'y remédier, cette sainte femme cherchait surtout à les instruire des principaux devoirs de la religion, les persuadant qu'ils ne trouveraient leur bonheur qu'en pratiquant fidèlement les lois divines. Son exemple ajoutait encore à l'empire de sa parole si douce et si éloquente, quand il s'agissait de ramener les âmes. Elle possédait le don rare et précieux de consoler; son cœur, si souvent meurtri par la souffrance, était merveilleusement apte à compatir aux peines de ses semblables. Aussi, en la voyant passer dans les sentiers du village ou des bois, allant exercer le plus efficace des apostolats, celui de la charité, tous s'inclinaient avec respect devant cette belle jeune femme qui portait sur son front l'auréole d'une si grande vertu.

Les jours s'écoulaient ainsi, partagés entre les devoirs et les joies du foyer domestique et la visite des pauvres, qu'elle appelait ses meilleurs amis. Au milieu de ces diverses occupations, ma grand'mère n'oubliait pas le cher absent; elle aimait à correspondre souvent avec lui, trouvant dans cet échange des pensées à travers la distance, une douce compensation au chagrin de la séparation. Ses lettres, d'une touchante simplicité, témoignent de son tendre et fidèle souvenir, toujours mêlé de pensées chrétiennes.

« Mon bien cher ami, lui écrivait-elle peu de temps après son départ, voilà onze grands jours que je n'ai eu de tes nouvelles!... J'ai été désolée que Louise [1] soit arrivée trop tard pour te voir à Rochefort, car je n'ai rien su de ta santé. M. Le Gardeur m'a dit, il est vrai, que tu te portais bien ; mais comme je sais que tu souffres souvent sans te plaindre, cela ne m'a pas tranquillisée.

» Quel vilain début de campagne, par un temps si épouvantable!... Ces grands coups de vent m'inquiètent fort. Mais j'espère que vous attendrez un ciel plus favorable pour partir. En attendant, ne te serait-il pas possible de venir un moment manger de nos excellentes cerises et fraises qu'il y a ici en si grande quantité. Si je pouvais t'en envoyer, que je serais heureuse!

» Sans rien savoir sur votre mission, j'en tire un agréable augure ; je me flatte de te voir capitaine de frégate au mois de

---

[1] Une vieille bonne faisait en quelque sorte partie de la famille.

juillet, et après, tu nous reviendras. Voilà mes plus douces
pensées. Je tâche de m'y arrêter pour bannir de mon cœur
la tristesse! Comme nous n'avons pas de messe dimanche
ici, je dois aller passer la journée à Saintes; on offrira
pour toi le saint sacrifice un des jours de cette semaine.
C'est Dieu seul qui peut rendre supportable notre position,
et c'est lui qui, j'espère, m'accordera la grâce que tu fasses
un bon voyage.

» Nos enfants se portent bien; ils te font leurs caresses
et te demandent, comme moi, de ne pas nous oublier et
de nous aimer comme nous t'aimons, n'en doute pas.

» Crois à ma bien constante amitié. »

Plus tard, ayant reçu la bonne nouvelle du
prochain retour de la *Sapho,* frégate où était
embarqué M. de Tilly, elle lui exprime sa joie :

« Mon bien cher ami,

» Ta lettre m'a causé un moment de bonheur : en
voyant le timbre de Toulon, je vous croyais en route
pour revenir; mais quand j'ai parcouru tes chères lignes
j'ai vu qu'il fallait encore prendre patience pour quelques
jours. Enfin, tu te portes bien et parais satisfait. C'est là
ma grande jouissance; car je redoutais pour toi l'ennui,
malgré ton goût prononcé pour les voyages.

» Mon bon ami, du courage, voilà notre exil qui touche
à son terme, puisque ce mois-ci ou l'autre vous arriverez
à Rochefort. Je t'avoue que j'ai souvent besoin de penser
au jour heureux où nous te reverrons! Cette douce
perspective m'aide beaucoup à supporter la tristesse de ma
solitude. Parfois, une inquiétude traverse mon cœur; il me
semble que notre vie si paisible, si monotone, te paraîtra
ennuyeuse après les distractions et les péripéties de tes

lointaines navigations. Mais non, je déraisonne;... pourvu que tu sois entouré de ta femme et de tes enfants, ton bonheur sera complet! Ces chers petits se portent bien, malgré l'excessive chaleur que nous avons. Tout notre jardin est grillé, malgré les soins du brave Bourron, qui arrose matin et soir.

» J'ai eu des nouvelles de notre pauvre Jules. On m'en a rendu le meilleur témoignage; il a pleuré, paraît-il, en parlant à sa tante de la mort de ses petits frères; cela m'a fait grand bien, car j'ai là une preuve de la bonté de son cœur.

» Je crois, mon cher ami, que nous serons bien heureux par nos enfants, si le bon Dieu nous les laisse.

» Ma lettre te parviendra à Rochefort, j'en ai la confiance, mais j'ai grand peur qu'on ne vous fasse faire quarantaine; cela serait fort pénible.

» Adieu, le bien bon ami de mon cœur; sois persuadé que je n'ai aucune crainte d'avoir été oubliée. Tu m'as trop souvent écrit pour que mon bonheur de te revoir soit troublé par aucune de ces inquiétudes. Adieu, encore; tes enfants te font leurs plus tendres caresses. »

L'heure bénie de la réunion allait donc sonner! Dès qu'elle apprit le jour de l'arrivée au port, ma grand'mère se rendit à Rochefort; c'était au mois de mai, elle apporta du Chantreau une corbeille de fraises destinées au cher voyageur. Son premier soin fut d'envoyer sa fidèle Louise Raveau à Martrou [1] pour voir passer la *Sapho*. Debout sur la plage, Louise parvint à se faire reconnaître de son maître, qui envoya immédiatement deux matelots sur un

[1] Port de Rochefort.

canot, pour recevoir la lettre et le charmant envoi de fraises. Ce message dut être un bien doux dédommagement pour celui qui venait de supporter les tristesses d'une longue absence! Il ne put, dès le soir même, laisser sa frégate; mais le lendemain il goûta enfin les ineffables joies du retour!

Quelle délicieuse fête de famille! que de caresses et que de témoignages d'amour furent donnés à ce bon père, après une séparation de dix-huit mois!... Mais hélas! dans ce triste monde, à côté des plus pures joies se rencontrent trop souvent de cuisantes douleurs! Peu de temps après l'arrivée de M. de Tilly, Jules, l'aîné des garçons, celui dont il était question dans une des lettres que j'ai citées, revenait mourant de l'école préparatoire de Senlis, où il avait été envoyé à sept ans. L'éloigner d'elle à un âge si tendre avait été pour sa mère un immense sacrifice. Comprenant dans toute son étendue l'important devoir de la surveillance maternelle, elle n'avait vu qu'en tremblant ce cher enfant placé si jeune dans un établissement considérable, où il était exposé à tant d'influences mauvaises. Ses pressentiments ne furent que trop justifiés. Après quelques mois de séjour à Senlis, Jules tomba malade par suite d'une cause inconnue : étaient-ce les traitements un peu rudes de ses camarades plus âgés, ou bien la discipline du collége avait-elle

frappé trop prématurément cette faible organisation ?
C'est ce qui ne put être éclairci ; mais quel que
fût le motif, le pauvre Jules était dans un état
déplorable, lorsqu'on le remit aux soins de sa
bonne mère. Celle-ci lui prodigua son admirable
dévouement, essaya tous les remèdes, consulta les
hommes de l'art, fit en un mot l'impossible pour
sauver cette chère existence. Ces tentatives demeurèrent sans succès. Bientôt ce charmant enfant
qui, par la finesse des traits et l'aimable expression
de ses yeux bleus, promettait d'être un jour l'image
de sa mère, rejoignit au Ciel les anges, ses frères,
laissant par ce second et brusque départ le cœur de
ma grand'mère brisé de douleur. Cependant, son
courage ne faiblit point sous le poids de tant
d'épreuves : un regard vers le Ciel, une prière
devant son crucifix, étaient sa force suprême contre
le malheur !

Mais sa nature délicate se ressentit des cruelles
angoisses qui accablaient son âme... De nouvelles
naissances, et, dans l'intervalle, de nombreux
accidents, portèrent une grave atteinte à sa
santé. Dès 1820, les médecins déclarèrent qu'elle
ne résisterait pas à la fatigue d'une nouvelle
grossesse ; ce fut alors que naquit notre mère
bien-aimée, Marie-Estelle, dont la destinée devait
être elle-même si grande par la vertu !

Aussitôt sa naissance, ma grand'mère, la prenant dans ses bras, l'offrit au Seigneur comme un gage de sa reconnaissance pour le bienfait de la vie qu'il avait daigné lui conserver, en dépit des pauvres prévisions humaines. Deux ans plus tard, le 26 juin 1822, une autre fille, Marie-Antoinette-Florence, vint au monde; enfin, en 1825, un troisième garçon, Marie-Hippolyte, complèta la couronne si chère, joie de son cœur ici-bas, pour être un jour son éternel triomphe.

A cette époque, mon grand-père, fatigué de ses fréquents voyages maritimes, demanda sa retraite. L'ayant obtenue, il vint se fixer définitivement au Chantreau : c'était là qu'on passait la plus grande partie de l'année, à part quelques mois d'hiver consacrés au séjour de Saintes, où de nombreuses affections appelaient Mme de Tilly. Sa sœur, Mme Charles de Turpin, y habitait, ainsi que sa cousine, Mme de Chièvres; les amis y étaient encore plus nombreux que les parents : Mmes de Saint-Surin (née de Conteneuil), de Réals, de Laborde-Lassalle, de Bonsonge, Grézy, entretenaient avec elle des relations intimes; mais entre toutes, Mme de Saint-Surin lui était particulièrement sympathique. L'amitié de ces femmes, toutes deux si bien douées, semblait n'avoir qu'un but : avancer de jour en jour dans la pratique des vertus

chrétiennes, en s'aidant mutuellement par le conseil
et la prière. C'était là le grand mobile de
Mme de Tilly, car en toutes choses son unique
ambition était d'attirer les cœurs à Dieu; elle
employait, pour y réussir, les immenses ressources
d'esprit et de cœur dont le Ciel l'avait si largement
dotée.

Dans cette bonne petite ville de Saintes, elle fut
— comme ailleurs — entourée d'une considération
générale. A l'époque où la duchesse de Berry fut
reçue à Saintes, les autorités de la ville choisirent
ma grand'mère pour être présentée à Son Altesse
Royale, le 13 juillet 1828; elle accompagna les
trois jeunes filles chargées d'offrir un bouquet à la
duchesse. Pour cette âme si parfaitement humble,
les honneurs étaient peu de chose; elle n'appréciait
qu'un privilége, celui de servir le roi des rois!
Rien ne lui causait une plus grande joie que
l'occasion de se rendre utile à la religion; bientôt
elle fut à même de prouver ce généreux dévouement. Une dame riche de Saintes ayant offert sa
maison et sa bourse pour l'établissement des
Ursulines de Chavagnes, dans la ville, ces bonnes
religieuses acceptèrent avec reconnaissance ces
avantageuses propositions, et vinrent en effet
s'établir à Saintes.

Mais au bout de quelques jours elles s'aperçurent

que Mme La Coudraye (la donatrice) voulait diriger
selon ses vues la petite communauté naissante, et
lui imposer même des obligations contraires à sa
règle ; leur devoir était de résister à cet empiètement ;
elles le firent avec énergie, mais non sans encourir
le mécontentement de leur bienfaitrice. Celle-ci,
furieuse de cette opposition, n'eut aucun ménage-
ment pour ces pauvres religieuses ; elle poussa la
cruauté jusqu'à les mettre dehors, le soir à dix
heures. Sans argent, sans ressource, les Ursulines,
au nombre de cinq, et honteusement expulsées,
eurent l'idée de frapper à la porte de ma grand'
mère. C'était en effet une bonne inspiration que de
s'adresser à la providence visible de tous les
malheureux. Aucune infortune ne la trouvait
insensible ; mais celle-là, plus que toute autre, la
toucha profondément.

Elle offrit immédiatement aux exilées son toit
hospitalier qu'elle s'estimait si heureuse de pouvoir
leur donner. Le lendemain, les Ursulines craignant
d'abuser de cette hospitalité improvisée, voulaient
retourner dans leur pays, à Chavagnes, maison
mère. Mme de Tilly ne consentit point à les
laisser partir ; elle pensait, avec raison, que leur
éloignement subit ne ferait qu'accréditer les bruits
calomnieux répandus par Mme La Coudraye.

Le meilleur moyen d'arranger les choses était

de chercher une maison convenable pour rétablir le couvent dans son honneur et l'indépendance qui lui était nécessaire. Ma grand'mère se chargea de ce soin; une de ses amies, Mme de Laborde, heureuse de contribuer à la bonne œuvre, offrit une de ses maisons ainsi que des meubles. Puis on fit venir du Chantreau du bois, du vin, du jardinage, des provisions de tout genre, en y ajoutant de l'argent pour subvenir aux frais indispensables qu'entraînait ce second établissement.

Peu à peu, les propos malveillants qui avaient couru sur le compte des religieuses tombèrent tout à fait, grâce surtout à la protection qui leur avait été donnée d'une façon si manifeste par l'une des femmes les plus distinguées de la ville. Elle promit de mettre dans ce nouveau pensionnat ses deux plus jeunes filles, Estelle et Florence; plus tard, des circonstances imprévues changèrent ce projet. Mais, à dater de leur nouvelle installation, les Ursulines de Chavagnes n'ont pas cessé de prospérer à Saintes, où l'on est heureux de les posséder. Aussi leur reconnaissance pour la sainte bienfaitrice et sa famille a-t-elle été toujours des plus vives.

L'évêque de Luçon, monseigneur Soyer, touché de l'empressement qu'avait mis Mme de Tilly à secourir de pauvres religieuses, lui écrivit une lettre de remercîments dans laquelle il rend un éclatant hommage aux vertus qui la caractérisaient [1]. Ma grand'mère fut heureuse de ce témoignage donné par un respectable prélat, car sa vénération et son attachement pour le sacerdoce égalaient son ardente piété.

A la lumière de la foi, elle envisageait dans le plus humble des prêtres la personne elle-même du divin Sauveur; aussi montra-t-elle en toutes circonstances son profond respect pour les ecclésiastiques. Un épisode qui se rattache aux premières années de son séjour au Chantreau, fera voir à quel point cette sainte femme comprenait la parole du Seigneur à ses apôtres : « Qui vous honore m'honore. »

C'était en 1817. Monseigneur Gabriel-Laurent Paillou, évêque de La Rochelle, revenait de Marennes à Saintes... Mme de Tilly, prévenue du jour et de l'heure de son départ, calcula le moment de son passage 'en face du Chantreau, et alors, à l'exemple des saintes femmes de la Judée qui venaient saluer le Sauveur, elle se rendit sur la route avec tous ses enfants, son mari et ses serviteurs, et lorsque la voiture de l'évêque arriva, toute la petite caravane se jeta à genoux; l'évêque touché jusqu'aux larmes fit arrêter sa voiture, se

[1] Cette lettre est conservée dans les papiers de famille.

pencha hors de la portière pour bénir la pieuse famille qu'il ne connaissait pas. Mais un des grands-vicaires l'ayant nommée à Monseigneur, celui-ci s'informa de son habitation, et, dès le lendemain, avec la simplicité d'un apôtre, vint partager le modeste déjeuner de la famille. Quel fut l'étonnement de ma grand'mère en voyant arriver le vénérable évêque! Comment lui donner une hospitalité convenable? Mais Monseigneur, prévoyant l'embarras qu'il allait causer, s'excusa avec tant de bonhomie qu'on ne rougit plus de lui offrir les modestes provisions du Chantreau. L'entrevue fut pleine d'abandon et de charme.

Monseigneur Paillou avait été un confesseur de la foi; il avait émigré en Espagne comme mon grand-père. On parla longuement du séjour à l'étranger, tout en parcourant les allées de la garenne; enfin, les heures s'écoulaient si rapides que l'aimable prélat ne songeait plus au départ.

Il avait gardé de cette visite un si bon souvenir, qu'il conserva jusqu'aux dernières années de sa vie une grande amitié pour la famille de Tilly. Peu lui importait qu'elle ne fût pas riche, que son habitation fût modeste puisqu'il y avait trouvé des biens autrement précieux : la noblesse des sentiments et l'ardeur de la foi!

Le Chantreau devint donc une maison hospitalière, où venaient aussi se reposer de temps en temps les missionnaires de Saintes, MM. Audoyer, Briand et Écarlat. Ces excellents apôtres faisaient chaque année avec bonheur une retraite dans les bois du Chantreau. Il n'y avait pas alors d'autre chapelle que le petit sanctuaire rustique créé au pied d'un arbre; mais les fervents ecclésiastiques auxquels étaient venus se joindre MM. Chenuau, supérieur du petit séminaire de Pons, et Hilaireau, curé de Saint-Vivien, construisirent avec des planches, des branchages et des fougères, un oratoire véritable, dans l'endroit le plus retiré de la garenne.

Chaque matin ils allaient célébrer le saint sacrifice à l'église de Pessines, peu distante du Chantreau; puis, hors les heures de repas, leur temps se passait tout entier dans la chapelle, où ils aimaient à méditer et à prier sous le regard de Dieu, et entourés des calmes beautés de la nature !

Gaspard, l'aîné des garçons, servait d'enfant de chœur; Élise vaquait aux occupations intérieures de la maison; Estelle, Florence et Hippolyte, les trois plus jeunes, s'amusaient le soir avec les bons missionnaires, qui trouvaient moyen, tout en se prêtant à leurs jeux, d'inculquer à ces jeunes cœurs les sentiments chrétiens que l'éducation devait ensuite développer.

C'étaient des jours bénis du Ciel qu'on passait

dans cette charmante solitude du Chantreau ; quelle paix, quelles innocentes joies y régnaient ! Hélas ! après ces heures si calmes et si douces, les épreuves et les tristesses allaient encore abreuver d'amertume le cœur de la sainte mère de famille !...

III

Entre tous les enfants que le Seigneur lui avait laissés, ma grand'mère concentrait ses plus vives espérances et ses plus tendres prédilections sur Gaspard.

Comme son frère Jules, et mieux encore que lui, il était doué d'une intelligence peu ordinaire, d'un cœur ardent, plein de zèle pour le travail, ambitieux de gloire littéraire et surtout possédé du désir d'être l'honneur et la joie de sa mère, à laquelle il vouait un culte de tendresse profonde. Le souhait que toute femme, véritablement pieuse, devrait avoir au fond du cœur était un des plus ardents désirs de Mme de Tilly : donner l'enfant de sa tendresse à l'Église, voir celui qui s'était formé de sa vie consacré à Dieu, tel était son vœu le plus cher ! le but de ses ferventes prières ! et quand elle allait porter au pauvre avec l'aumône qui soulage, la parole qui relève, elle ne manquait jamais d'offrir cette action pour obtenir l'incomparable faveur d'un fils prêtre... Gaspard semblait lui promettre la réalisation de ce pieux désir, tant il réunissait d'éminentes aptitudes à une fervente piété. Dieu cependant avait sur lui d'autres desseins. Tandis que sa mère, en l'envoyant au collége de Pons, ne cessait de prier et de souffrir pour lui, le jeune homme travaillait avec une ardeur sans égale; il multipliait ses études afin de pouvoir les terminer plus tôt et se livrer tout entier à son attrait pour le sacerdoce. Chaque année apportait au brillant élève de nouveaux succès. Déjà, à quinze ans, il allait achever ses classes latines et françaises; l'heure de la récompense semblait donc approcher pour le fils et pour celle qui fondait sur lui tant d'espérances!

Hélas! pauvre mère, encore des douleurs, encore des larmes, au lieu des joies attendues!...

Une trop grande application de l'esprit au travail fut pour Gaspard le germe d'une grave maladie du cerveau, qu'une chute devait ensuite déterminer.

Son état parut dès le début si sérieux, qu'on jugea nécessaire de lui faire quitter le petit séminaire de Pons; il revint dans la maison paternelle, où l'attendaient les soins les plus tendres et les plus dévoués. Une amélioration se manifesta après quelques mois de séjour au Chantreau; on crut pouvoir le sauver. C'est alors — le 19 mai 1829 —

qu'eut lieu le mariage d'Élise avec M. Sigisbert de Laage. La noce se fit à Saintes, et le lendemain matin toute la famille se rendit au Chantreau pour assister à l'union de la fidèle Louise Raveau, qui était depuis vingt-cinq ans au service de ma grand'mère; elle épousait Pierre Menand, lui aussi serviteur dévoué.

Ces deux événements furent une éclaircie dans le ciel sombre de Mme de Tilly; mais bientôt ses inquiétudes recommencèrent; l'état du jeune malade empira subitement; cloué sur son lit de souffrances, il supportait avec une patience héroïque les plus pénibles traitements.

Durant quatre années de tortures, de luttes contre la mort, sa patience ne l'abandonna pas un instant; il ne laissait jamais échapper une plainte; c'était toujours avec la même douceur, le même abandon qu'il recevait les soins de ceux qui l'entouraient. Mais que dire de la tendresse, du dévouement de sa mère? Elle ne quittait pas son chevet, sans cependant négliger aucun de ses autres devoirs. Toutes ses nuits se passaient auprès de son pauvre malade, ne songeant ni à ses fatigues ni à ses propres douleurs physiques; aussi ses forces furent-elles bientôt épuisées... Quelques semaines avant le grand moment de la séparation, elle tomba gravement malade; et ne put se remettre que pour recevoir le dernier soupir de son fils bien aimé! Gaspard, après avoir conservé sa parfaite connaissance jusqu'à ses derniers instants, expira dans les bras de sa sainte mère, le 6 janvier 1830 [1].

Mon Dieu! après un pareil récit, ne devrais-je pas m'arrêter? Cette incomparable douleur ne semble-t-elle pas le couronnement d'une vie déjà si éprouvée? Et cependant, sa mission n'est pas encore à son terme! d'autres angoisses, d'autres mérites lui sont réservés!

Mais la mort de Gaspard, en brisant toutes ses plus chères espérances maternelles, anéantit les derniers liens qui l'attachaient à la terre. Ce fut le calvaire; elle en redescendit, l'âme à jamais fixée dans l'amour de son Dieu!

A dater de cette époque, sa vie fut tout entière consacrée à sa famille et aux malheureux. Des douze enfants que le Ciel lui avait donnés, il ne lui restait que trois filles : Élise, Estelle, Florence, et le plus jeune des garçons, Hippolyte, objet des caresses et des prédilections de tous.

La charité et le dévouement de Mme de Tilly eurent encore une occasion de se manifester dans sa propre maison, près de son beau-frère, le contre-amiral Le Gardeur de Tilly. Celui-ci, qui

---

(1) A ses obsèques assistèrent une délégation des élèves de Pons et quelques-uns de ses anciens maîtres, heureux de faire un cortége d'honneur à ce vaillant élève.

ne s'était jamais marié, montrait une grande amitié pour sa nièce Estelle, dont il était le parrain. Ce motif et la perspective de l'isolement l'avaient déterminé à se fixer près de son frère Alexandre, qui lui avait offert une place à son foyer avec une franche cordialité.

Ma grand'mère, heureuse de se dévouer et d'avoir une âme à gagner, ne négligea aucune attention près de ce beau-frère dont la vie un peu agitée, quoique toujours parfaitement honorable, ne laissait pas d'inspirer quelques inquiétudes, au point de vue religieux. Certes, dans de pareilles conditions, il ne pouvait être mieux placé qu'auprès d'une sainte belle-sœur si bien faite pour le ramener à Dieu. Elle n'employait, pour y réussir, qu'une seule arme, celle de la douceur, unie à la prière.

Le matin, de bonne heure, elle partait, malgré le froid, la neige des hivers rigoureux, munie d'une petite lanterne, pour l'église de Saint-Pierre, fort éloignée du faubourg Saint-Vivien, où elle habitait. Mais rien ne pouvait être une entrave à sa fervente piété. Elle entendait la messe de six heures, y recevait la sainte communion, puis revenait bientôt afin d'être rentrée avant le lever de son mari et de son beau-frère infirme, près duquel elle passait une partie de la journée. Son âme, fortifiée par la divine nourriture, était alors capable de tout supporter, de tout endurer, de tout entreprendre pour la gloire divine.

Dans les existences simples, modestes en apparence, que de vertus héroïques sont pratiquées dans le silence et l'obscurité, sous le seul regard du Seigneur! Vertus ignorées de la terre, admirées du Ciel! Ma grand'mère était du nombre de ces femmes fortes, mais humbles, qui s'immolent dans le secret; sa vie, à l'extérieur, ne semblait avoir rien de remarquable, remplie qu'elle était par les obligations ordinaires d'épouse et de mère! Et cependant, quelle patience, quel esprit de sacrifice elle apportait dans l'accomplissement de tous ses devoirs! Dieu seul en était le témoin, et lui seul pouvait récompenser cette âme d'élite! Il exauça enfin ses ferventes prières! Le cœur du bon vieillard fut gagné au salut par l'admirable dévouement de celle qu'il appelait son bon ange gardien... Ne sachant comment lui témoigner ses sentiments de gratitude, il eut la pensée d'offrir à Mme de Tilly une chaîne en or, ce qu'on nommait alors un cable. Ma grand'mère avait si peu de goût pour tout ce qui était parure extérieure, son dédain pour le luxe et les vanités de ce monde était si grand, que ce présent la trouva indifférente; mais comme son bon cœur la guidait en toutes circonstances, elle ne voulut point affliger son pauvre infirme par un refus; pour lui faire plaisir, elle accepta ce beau cadeau et le porta trois fois; puis, ayant demandé et obtenu du donateur la permission d'en disposer, elle changea immédiatement la chaîne pour un calice, dont elle fit don à une église pauvre. Quel admirable renoncement! car enfin elle avait à peine quarante ans, et déjà son cœur, envahi par l'amour divin, n'avait plus de place à donner aux misérables satisfactions de la terre! Le bonheur de servir Dieu avec toutes les forces de son âme, était l'unique objet de ces désirs; mais son humilité profonde redoutait les regards humains dans l'accomplissement des nombreuses œuvres de charité qui remplissaient sa vie. Aussi n'est-ce qu'à la pieuse indiscrétion d'une vieille bonne, Louise Monrozeau, que nous devons la connaissance d'un grand nombre de traits vraiment touchants dont elle avait été le témoin, malgré les précautions de sa sainte maîtresse pour les tenir cachés.

Un vieux maçon nommé Bellet avait eu la jambe cassée dans l'écroulement d'une bâtisse du faubourg Saint-Vivien, à Saintes. Ce pauvre homme n'avait personne auprès de lui; il serait mort certainement, si la Providence ne lui eût envoyé sa douce messagère pour lui prodiguer les soins les mieux entendus et les plus délicats. Ma grand'mère se rendait dans sa demeure deux et trois fois le jour, le soignant avec une admirable bonté et lui disant en même temps des paroles d'encouragement pour relever son âme. Rien ne pouvait la rebuter; dès qu'elle apprenait qu'il y avait quelque bien à faire près d'un affligé ou d'un cœur égaré, elle partait comme un apôtre, dévorée de zèle pour l'extension du règne divin sur la terre. C'était sa récompense que la société des malheureux; les soulager, sa plus grande joie. Pendant les jours rigoureux de l'hiver, le soir très tard, d'après le témoignage de notre brave Louise, elle allait elle-même déposer des fagots de bois, pour qu'à une heure dite les pauvres vinssent les prendre, sans qu'aucune personne de la maison pût s'en apercevoir.

Quelques années après le mariage d'Élise, Mme de Tilly revenant de Juicq, où elle avait été voir sa fille, rencontra une femme en haillons qui lui demanda de la vêtir, ainsi que sa fille, âgée de six à sept ans. Ma grand'mère, toujours compatissante, s'arrêta volontiers en face de cette nouvelle misère; mais par un pressentiment qui ne la trompait pas, elle crut devoir s'informer d'abord de la position de ces deux abandonnées. La mère lui avoua alors en pleurant le désordre de sa vie; l'enfant qu'elle avait avec elle n'était pas baptisé. Ce récit navra la pieuse chrétienne qui l'entendait; sans hésiter une minute, elle proposa aux deux malheureuses de les emmener à Saintes pour leur procurer le nécessaire au temporel, et surtout le bien autrement précieux du baptême, à la pauvre petite fille privée de ce gage du salut. Mme de Tilly conduisit ses protégées au presbytère de Saint-Vivien, et demanda au vénérable curé d'instruire la mère et l'enfant. « Pendant ce temps, raconte le témoin » oculaire de cette belle œuvre, Madame s'occupa » activement de les faire habiller, et je dus quitter » tout autre ouvrage afin que leur tenue fût prête » pour la cérémonie qui allait être le couronnement » de ce trait touchant. »

La sainte bienfaitrice fut marraine, avec le sacristain de Saint-Vivien, M. Gillet, qui faisait beaucoup de façons pour accepter l'honneur d'être le compère de Mme de Tilly, se trouvant indigne d'une semblable faveur. Mais Monsieur le curé l'y ayant obligé, il remplit son office, avec toute la dignité qu'exigeait un tel emploi.

C'est là le récit dont je me suis fait l'écho fidèle ; je tiens aussi de la même source, que ma grand' mère, ne se contentant pas seulement de répandre d'abondantes aumônes temporelles, y ajoutait l'aumône — autrement méritoire et difficile — des conseils ; près d'elle, des personnes de toutes classes, de tout âge, venaient chercher la solution de leurs difficultés, qu'elle savait toujours aplanir avec ce tact merveilleux qui la distinguait; beaucoup d'ecclésiastiques, jeunes et inexpérimentés, avaient recours à ses lumières; elle leur donnait des avis suggérés par sa charité et son zèle; mais en toutes ces occasions de conseil et d'avertissement, elle ne manquait jamais d'apporter cette douce bienveillance, cette amabilité qui font tout accepter et rendent efficace cette difficile mission.

Qui pourrait dire les semences bénies que ses paroles ont jetées dans les âmes! Que de fautes, que d'erreurs de tous genres ont été évitées, grâce aux inspirations de ce cœur d'apôtre!

Quel bien peut faire une femme quand elle est vraiment pieuse, quand elle joint à une foi ardente le dévouement qui gagne les cœurs!

Un des caractères particuliers de la vertu de notre sainte grand'mère, c'était encore sa parfaite modestie; modestie de sa vie et de sa personne. Au dehors, rien ne trahissait son haut mérite; elle se montrait peu; on ne la voyait qu'à l'église.

Quand elle était à la campagne, dans cette simple mais si douce résidence du Chantreau, elle consacrait à son petit oratoire champêtre tout le temps qui n'était pas employé à ses devoirs. Lorsqu'elle revenait de prier, son visage portait le reflet d'une joie divine, inspirée par le mystérieux colloque de son âme avec le Sauveur !

Sa dévotion envers le Saint Sacrement était remarquable. Pendant l'Octave de la Fête-Dieu, le respectable curé de Nieul, paroisse voisine du Chantreau, donnait chaque soir la bénédiction dans son église ; ma grand'mère, malgré la distance, qui était de trois kilomètres, malgré les plus grandes chaleurs, ne manquait jamais d'y assister. Aussitôt après dîner, elle partait seule pour Nieul, et revenait, sans autre escorte que son bon ange, jusqu'à quelques mètres seulement du Chantreau ; un domestique venait alors au-devant de la sainte maîtresse de maison, qui voulant avant toute chose rendre aimable et commode aux autres sa grande dévotion, évitait tout ce qui pouvait le moins du monde déranger ou contrarier les siens. Pendant la journée, elle choisissait de préférence pour se livrer à la prière les moments où l'absence de mon grand-père lui laissait la liberté de s'adonner à quelques bonnes lectures, ou à la récitation du chapelet, qu'elle disait généralement avec ses enfants, à cette heure suave du crépuscule, où l'âme se recueille plus facilement, où elle oublie plus volontiers les soucis de la terre pour se reposer dans la pensée du Ciel ! Dans une allée ombragée de la garenne du Chantreau, on voyait ainsi, tous les soirs, absorbée dans la prière, une mère jeune encore, mais mûrie par la douleur, suivie de deux jeunes filles dans l'adolescence avec toutes les grâces de cet âge plein de charmes!

Toutes les trois invoquaient Marie; mais pour leur mère surtout, quelle ineffable consolation lui donnaient ces instants précieux de silence et de prière! Cependant elle savait en faire joyeusement le sacrifice, quand sa présence pouvait être ailleurs utile à sa famille ou à ses amis.

Heureuse d'offrir à Dieu ce nouvel acte de renoncement, elle ne laissait même pas paraître la moindre contrariété sur son beau visage, sachant d'ailleurs que nous ne servons jamais mieux le Seigneur, qu'alors que dans notre vie il y a moins d'actions de notre choix. Maxime favorite du bon saint François de Sales, qu'il redisait souvent aux femmes pieuses de son temps, parce qu'en effet le renoncement est la base de toute piété vraie.

Aussi, quelle vénération inspirait le spectacle d'une existence si parfaitement conforme à l'esprit chrétien! Tous lui rendaient hommage; ceux de ses serviteurs et de ses amis encore de ce monde attestent qu'ils ne pourront jamais assez dire combien sa charité était grande et son humilité parfaite.

La sainteté, une sainteté évidente pour tous ceux

qui l'entouraient, était le chef-d'œuvre d'une vie triste et décolorée selon le monde, mais pleine d'espérances et de grandeur pour le regard divin !

Me voici parvenue aux dernières années de cette belle vie ; ma tâche, rendue si douce et si facile par le concours de ma famille et de nos amis, sera bien abrégée par le récit que m'a transmis le vénérable abbé Duffour, curé de Crazannes (près Saintes), ancien aumônier du Chantreau, et précepteur du plus jeune enfant, Hippolyte.

C'était en 1834 ; mon grand-oncle Le Gardeur de Tilly était mort en janvier 1830, après avoir reçu, dans les derniers mois de sa vie, les soins les plus dévoués et souvent pénibles de sa belle-sœur. Elle avait rempli près de lui sa mission en lui obtenant la faveur incomparablement précieuse d'une mort véritablement chrétienne, fruit de ses ferventes prières... Cette conquête, due surtout aux influences si douces de sa charité, fut un nouveau fleuron ajouté à la couronne que les anges lui préparaient et dont quelques courtes années seulement la séparaient !

Ma grand'mère avait encore trois jeunes existences à protéger, à conduire... ; le dernier enfant surtout, Hippolyte, était l'objet de ses plus vives sollicitudes... Après la cruelle expérience qu'elle avait faite des colléges, Mme de Tilly ne pouvait se décider à éloigner d'elle ce cher enfant, sa consolation. Dans son embarras pour lui trouver un digne précepteur, elle recourut à celui qui est la suprême ressource! Dieu ne pouvait manquer d'exaucer la prière d'un tel cœur! et bientôt put se réaliser son souhait ardent de faire instruire Hippolyte par un ecclésiastique.

Une difficulté qui semblait d'abord entraver le dessein des pieux parents, fut résolue par une circonstance vraiment providentielle. Les prêtres étant fort rares dans le diocèse de La Rochelle, ma grand'mère avait dû renoncer à en obtenir un pour l'éducation de son fils.

De nombreuses démarches dans d'autres diocèses étaient demeurées aussi sans succès, lorsque voyageant dans les environs de Saintes avec une dame dont la famille était d'origine normande, elle lui parla de son désir d'avoir un précepteur ecclésiastique et de la difficulté qu'elle avait à en trouver. Sa compagne de voyage lui dit alors que les prêtres étaient nombreux dans le diocèse de Coutances (Manche) et qu'il serait bien facile d'en faire venir. Grande fut la joie de ma grand'mère en écoutant un si précieux renseignement; elle se hâta d'en profiter, et écrivit à l'évêque pour lui demander un des membres de son clergé.

Quelques semaines après, le jeune abbé Duffour

arrivait au Chantreau; c'est à lui que je dois maintenant le récit de son arrivée, de son séjour et des événements de famille dont il fut le témoin.

IV

« Le premier jour de décembre 1833 fut pour
le pauvre abbé un jour de combat, car il lui fallait
laisser, peut-être pour toujours en cette vie, une
bonne et tendre mère bientôt octogénaire, des
sœurs, des frères, ainsi que d'autres parents qui
semblaient mettre en lui leurs joies et leurs espérances; peu d'années après, en 1835, il revit, en
effet, le pays natal, mais son excellente mère, sa
sœur aînée, son frère, plusieurs membres de sa
famille avaient disparu.

» Parti de Saint-Vaast-la-Hougue (Manche) le
2 décembre 1833 de grand matin, le jeune voyageur
n'arriva que le troisième jour à Saintes, vers trois
ou quatre heures du soir, ayant traversé plusieurs
départements. A son arrivée, il s'empressa de
prendre quelques informations, et, pressé par
l'approche de la nuit, il partit pour le Chantreau
malgré la pluie et les mauvais chemins, afin d'être

plus tôt rendu à l'habitation de M. de Tilly. Un chemin de traverse, plus court que les routes de Marennes et de Saujon (qui se rencontrent à une lieue de Saintes) fut naturellement préféré, mais il se trouva heureux cependant de rencontrer la grande route à deux kilomètres du Chantreau, où il apparut enfin dans un triste équipage, peu de temps avant la nuit. M. de Tilly, ancien officier supérieur de marine, trouva un trait de courage dans cette arrivée du jeune prêtre normand auquel il allait confier son fils, et parut en tirer bon augure pour l'avenir.

» Mme de Tilly partageait ses sentiments; mais elle se désolait d'avoir pris, sans succès, de bonnes précautions pour fournir un guide et l'hospitalité chez M. le curé de Saint-Eutrope, à celui qu'elle recevait comme un envoyé du Ciel.

» La famille Le Gardeur de Tilly est originaire de Normandie. Le gros bourg de Tilly, domaine des comtes de cette famille, est situé entre Caen et Falaise.

» D'après les renseignements recueillis au Chantreau, de la bouche même de M. de Tilly, la branche de cette famille fixée en Saintonge était une branche cadette émigrée au Canada, puis revenue à Rochefort ou aux environs quand le Canada passa aux Anglais.

» Plusieurs de ses membres ont été des officiers de marine distingués, surtout le comte de Tilly, contre-amiral, père de celui qui habitait le Chantreau. Avec son frère, commandant en second, et l'aîné de ses trois fils, tous dans la marine, il remporta de nombreuses victoires sur des navires anglais de forces supérieures aux siennes. Le bon roi Louis XVI envoya un beau tableau, représentant une de ces victoires navales, à la comtesse de Tilly.

» Mme Alexandre Le Gardeur de Tilly, née de Turpin, avait une grande distinction dans toute sa personne; douze enfants et les diverses tribulations trop ordinaires aux épouses et aux mères avaient à peine altéré ses traits. Sa piété, son zèle, sa tendresse maternelle, sa charité prévenante et. industrieuse, l'activité de son esprit et de son cœur faisaient d'elle une des femmes les plus remarquables de la Saintonge. Elle avait enfin obtenu, peu de temps avant l'arrivée du précepteur de son fils, le droit d'avoir une chapelle avec la présence du Saint Sacrement [1]. Chaque jour elle y faisait de pieuses visites, sans parler de ses longues médita-

---

(1) La bénédiction de cette chapelle eut lieu le 9 janvier 1834 ; ce fut un beau jour de fête pour la famille !... Une messe solennelle fut célébrée dans le modeste temple ; plusieurs ecciésiastiques des environs assistaient à cette touchante cérémonie, à laquelle se trouvaient aussi un grand nombre de parents. les serviteurs de la maison et quelques habitants du village.

tions du matin et de la prière du soir récitée en commun. Son âme, si profondément chrétienne et reconnaissante, y exprimait sa gratitude avec des larmes d'attendrissement et de bonheur, tant elle se trouvait favorisée par la possession du Dieu caché de l'Eucharistie !

» La fille aînée de M. et de Mme de Tilly, Mme Sigisbert de Laage, n'avait que vingt-deux ans. Son pieux mari appartenait à une famille patriarcale qui avait fourni un doyen à l'ancien chapitre de Saintes, et plusieurs religieuses ; deux des plus jeunes sœurs de Mme Sigisbert de Laage étaient au couvent ; Mlle Estelle, plus tard Mme la baronne de Pichon, devait marcher sur les traces de sa sainte mère ; l'autre, Mlle Florence, devait épouser M. Stanislas de Montalembert, petit-fils du marquis devenu prêtre et supérieur du grand séminaire de La Rochelle, qui était lui-même oncle du célèbre comte de Montalembert, pair de France, académicien, député et surtout écrivain remarquable.

» Telle était la famille dans laquelle le jeune abbé arriva pour donner ses soins à l'instruction du dernier enfant, seul garçon, Hippolyte, charmant enfant de neuf à dix ans, d'une nature intelligente et observatrice.

» Moins d'un mois après son entrée dans la

maison, le précepteur devint confesseur dans cette respectable famille; Mme de Tilly fut une des premières à lui donner sa confiance; le bonheur que cette excellente dame goûtait dans son intérieur semblait devoir lui échapper bientôt; sa santé était sérieusement ébranlée. Ce fut surtout dans ces moments de souffrance qu'elle redoubla de confiance et de prévoyance pour le précepteur de son fils. Sa grande foi la portait à s'occuper elle-même de ce qui regardait le service de celui qu'elle respectait comme un père, en le traitant comme son fils.

» Voyant sa vie gravement compromise, elle ne se fit plus aucune illusion; son âme si tendre s'attrista sans doute vivement à la première pensée de la mort qu'elle entrevoyait de loin. Au moins six ou sept mois avant, elle en parlait à son confident. C'était spécialement pour ses trois plus jeunes enfants qu'elle eût voulu éloigner de dix ans l'événement qui devait les priver d'une telle mère et les livrer à un avenir toujours incertain et inquiétant; mais ses enfants avaient pour elle une si grande vénération, que son souvenir seul eût suffi pour les soutenir dans le bien.

» La pensée constante de la sage intervention de la Providence pour l'intérêt des âmes chrétiennes jusque dans les plus petits événements de la vie fut un véritable secours pour cette pieuse mère. La confiance avec laquelle elle recommandait à Dieu sa chère famille lui rendit moins pénible le sacrifice de son existence... Quelque temps après, les premiers symptômes d'un mal intérieur se manifestèrent; elle vit alors sans effroi sa fin approcher, supportant de longues et horribles souffrances avec le courage héroïque que donnent la foi et les espérances chrétiennes.

» Le 9 mars 1835 fut le jour de la délivrance pour ce grand cœur; pendant les trois derniers jours de sa maladie, sa fille aînée, une de ses sœurs, Mme de Saint-Mandé et son confesseur ne quittèrent point son chevet.

» Malgré ses souffrances, elle parlait toujours du Ciel, et demandait qu'on l'entretînt des sujets capables d'élever son âme au-dessus des tristesses de ce monde. Rien n'était plus édifiant que le spectacle de sa fervente piété, que l'ardeur de sa foi et de sa charité manifestées dans chacune de ses paroles ou de ses réponses aux courtes exhortations qui lui étaient adressées.

» Quelques jours avant le terrible moment, son désir de la sainte Communion se montra très vif; elle sentait le besoin de fortifier son âme à l'approche du dernier combat. Cette force suprême lui fut accordée plusieurs fois.

» A sa demande, MM. les curés de Saint-Eutrope et de Saint-Vivien lui administrèrent le sacrement de l'Extrême-Onction; dans la nuit qui suivit, elle reçut encore le saint Viatique à une heure du matin, d'après la décision des vénérables ecclésiastiques de Saintes, qui jugèrent les dispositions de la malade assez parfaites pour obtenir une exception aux règles liturgiques. — Jusqu'à ses derniers instants Mme de Tilly conserva sa connaissance; elle parlait avec une grande exaltation de foi et d'espérance des joies tenues en réserve par le Seigneur pour ses élus. Elle parut même voir de ses yeux mourants ce qui apparaissait à son âme; plusieurs fois elle fit remarquer au pied de son lit de belles couronnes, une belle dame, à ceux qui l'entouraient. Saintes visions! qui révèlent la haute vertu de ce grand cœur!

» Le profond chagrin de la famille de Tilly fut compris et partagé non seulement par les parents et les alliés ou voisins de la même condition ; mais toute la commune et ses environs semblaient avoir perdu, sinon une mère, au moins une bonne et très respectable amie, toujours prête à rendre service, à donner de bons conseils comme de bons exemples. Rien ne faisait mieux l'éloge de Mme de Tilly que l'affluence religieuse et triste que sa mort attirait dans la modeste église et l'humble cimetière de Pessines (annexe de Varzay, près Saintes).

» Naturellement la disparition d'une femme et d'une maîtresse de maison telle que Mme de Tilly devait laisser un grand vide et amener de nombreuses modifications dans l'existence des habitants du Chantreau; il y eut donc des changements. Le plus heureux fut le parti que prirent M. et Mme de Laage, de se fixer près de leur père.

« C'était d'autant plus nécessaire que M. de Tilly s'absentait souvent pour visiter quelques-unes de ses terres à plusieurs lieues de son domicile, tandis que les deux plus jeunes sœurs pensionnaires rentrèrent sous le toit paternel.

» Mlle Estelle, déjà grande, d'une figure remarquable par sa beauté douce et attrayante, promettait d'être un jour ce qu'avait été sa mère, ce qu'était déjà sa sœur aînée, une bonne et belle âme !

» La plus jeune, Mlle Florence, n'était pas encore ce qu'elle devait être plus tard, mais on devinait ce qu'elle serait, à son intelligence, à son naturel plein de gaieté.

» Le jeune Hippolyte, pieux, docile, intelligent, naturellement réfléchi, faisait des progrès qui eussent fait honneur à son précepteur, s'il n'eût perdu sitôt son excellente mère et la position qu'elle lui avait créée pour ses études classiques; mais les desseins de la Providence sont impénétrables; ils renversent souvent les projets les mieux réglés de notre avenir!

» En enlevant cette pieuse mère à quarante-neuf ans, Dieu laissait ses jeunes enfants en bonnes mains.

» M. de Tilly était un chrétien convaincu et pratiquant; il aimait à s'éclairer sur certains points religieux dans ses conversations avec le précepteur de son fils.

» Malheureusement, Mme de Laage, après s'être fixée pendant quelque temps au Chantreau, pour servir de mère à ses jeunes sœurs, ne put continuer d'y séjourner à cause de l'éloignement des propriétés de son mari. Ce départ fut le signal de nouveaux changements dans cette demeure du Chantreau, où M. de Tilly, dans ses idées même religieuses, pensait déjà sérieusement à établir une belle-mère pour ses enfants, ce qui se réalisa en effet peu de temps après le départ du jeune Hippolyte pour le collége de Pons, et celui de son précepteur pour le vicariat de Marennes, où il entra le premier dimanche d'octobre 1835.

» S'il fallait faire l'histoire des souvenirs et des relations qui, parties du Chantreau, se conservèrent à Marennes, à Paris, en Bourgogne, en Allemagne

à Panloy [1], ce serait peut-être une histoire un peu
longue; on y retrouverait cependant chacun des
personnages mis en scène, conservant tous l'estime,
le regret et le religieux souvenir de celle qui avait
été le lien et le centre de tant de bonnes et pures
affections!

» Quant à l'abbé, devenu vicaire à Marennes, il
conservait surtout, en une circonstance spéciale,
un profond souvenir des derniers jours de Mme de
Tilly. C'était quand il allait visiter les malades. Il
se serait estimé très heureux de leur communiquer
à tous les sentiments qui s'étaient si bien manifestés
dans cette âme d'élite. Aussi plus d'une fois avait-il
la pensée de l'invoquer, et d'obtenir par elle ce
qu'il n'espérait pas obtenir par lui-même.

» D'ailleurs, il avait appris au Chantreau combien
le clergé en général, et spécialement les prêtres
des environs, avaient confiance en elle, en son
expérience, en ses connaissances morales et
pratiques. Plusieurs jeunes ecclésiastiques triom-
phèrent, par ses sages avis, des grands embarras
où les jetaient leur inexpérience et des circonstances
difficiles de l'exercice du saint ministère. Le Chantreau était donc visité par le clergé de Saintes et

---

(1) M. l'abbé Duffour, après avoir été vicaire à Marennes, fut précepteur
dans plusieurs familles princières en Allemagne et à Paris, et devint ensuite
précepteur dans la famille de Grailly, à Panloy.

des communes voisines. La sainte châtelaine le recevait toujours avec un pieux empressement, et honorant dans sa personne celle du Sauveur.

» Si tels étaient les rapports de la famille avec les ecclésiastiques, il n'y avait pas moins d'estime, de sincérité et de confiance dans les relations entre les châtelains et les paysans de Pessines ou des alentours.

» Malgré les idées qui avaient paru troubler en 1830 ces relations, dans divers pays, de la noblesse et du peuple, il eût été impossible en 1835 de trouver à Pessines les moindres traces de ces funestes influences révolutionnaires. »

Ici se termine la notice qui m'a été donnée par le vénérable abbé Duffour, admis, comme il le dit lui-même, dans l'intimité de la famille de Tilly, dont il est resté l'un des meilleurs et des plus dévoués amis.

Après son témoignage si autorisé, puisqu'il avait assisté aux derniers moments de notre sainte grand'mère, d'autres renseignements non moins précieux me sont parvenus sur sa mort si belle, si chrétienne et si douce! Le souvenir en est resté profondément gravé dans le cœur de ses enfants; elle les appela tous près d'elle à cette heure solennelle, leur adressant les plus touchants adieux et d'admirables conseils ; c'était comme un testament sublime qu'elle dictait avant le grand départ. Une feuille, trouvée dans les papiers de ma grand'mère, nous fait connaître les derniers élans de sa foi et de sa tendresse maternelle, traduits en quelques lignes d'une éloquente simplicité :

« Adieu, mes chers enfants ; je meurs heureuse de la pensée que vous serez tous de vaillants et fidèles chrétiens !

» Mes chères filles, n'oubliez jamais que votre premier devoir est le respect, la soumission et le dévouement envers votre bon père ! Que votre plus douce consolation soit de lui prodiguer vos soins jusqu'à la fin de sa vie ! Je prie ma chère Élise d'être, autant qu'elle pourra, votre mère et votre soutien.

» Je compte aussi sur le bon cœur de son excellent mari pour vous rendre tous les services qui seront en son pouvoir, particulièrement à mon cher Hippolyte, dont il sera, j'espère, le guide et l'ami !

» Mon plus vif désir est qu'une grande union règne parmi vous ; c'est là qu'est la force des familles, et ce qui attire sur elles les bénédictions du Seigneur !

» Ma bonne Estelle, toi qui seras recherchée en mariage, si Dieu t'appelle à ce saint et pénible état, souviens-toi que ta seule garantie de bonheur sera dans le choix d'un mari chrétien ; sois bien persuadée qu'il n'y a aucun avantage, quelque grand qu'il soit, qui soit préférable aux convictions religieuses solidement affermies et courageusement manifestées chez un homme.

» Et toi aussi, mon cher Hippolyte, rappelle-toi que tu ne pourras être heureux qu'en épousant une femme vraiment chrétienne.

» Priez tous pour votre mère, mes bien-aimés, et pardonnez-lui les scandales qu'elle a pu vous causer!

» Je suis tranquille sur les soins que j'ai pris de vos corps... Votre âme, qui m'est bien plus chère, a été confiée à des personnes plus dignes que moi d'un bien si précieux! Songez qu'elle doit un jour retourner à son créateur! Profitez, je vous en supplie, des lumières et des grâces qui vous sont données, afin de jouir du bonheur de vos frères qui sont placés au séjour des bienheureux! Que votre vie ne soit qu'une continuelle préparation à ce grand jour de l'éternité!

» Que les biens de la terre paraissent méprisables quand on regarde le ciel!

» Adieu, mes chers enfants, priez pour moi qui ai besoin de la grande miséricorde de Dieu!»

Quelles admirables recommandations!! comme elles achèvent de nous révéler l'ardente foi et le grand amour de cette belle âme pour son Dieu!! Tous ceux qui entouraient son lit de mort étaient profondément impressionnés et émus de ce qu'ils voyaient; le médecin lui-même ne pouvait dissimuler ses larmes; après lui avoir prodigué les ressources de sa science, hélas! impuissante, avec un dévouement respectueux et empressé, il la conjurait de se soigner afin de prolonger son existence si précieuse; mais elle lui répondait avec un accent qui impressionnait tous les siens : « Non, Monsieur, je ne désire point vivre davantage! quand on a vécu comme je l'ai fait, peut-on craindre et fuir la mort? »

Ah! oui, elle disait vrai, puisque ses jours avaient tous été marqués par la souffrance!...

Peut-on regretter la vie, qui n'est, après tout, qu'une ombre, qu'une douleur, qu'une mort continuelle!

L'éloquent évêque exilé de Genève [1] nous donnait en trois mots la définition de la mort : « C'est l'achèvement de la douleur, tandis que la douleur est le commencement de la mort. »

« Quand on a souffert, quand on a lutté, quand on a porté le fardeau des innombrables tristesses de l'exil, est-ce que l'heure de la mort n'est pas pour le chrétien l'heure de la délivrance? D'ailleurs, est-ce qu'on pleure quand on revient à son foyer! est-ce qu'on pleure quand on revient dans sa patrie! est-ce qu'on pleure quand on revient se jeter sur le cœur de sa mère! et Dieu... c'est le cœur de toutes les mères!! [2] »

Tels étaient les sentiments de Mme de Tilly; elle soupirait après le ciel, sans oublier aucun de ceux qu'elle laissait orphelins sur la terre!

Recommandant encore ses plus jeunes filles à leur fidèle bonne, Louise Monrozeau, elle lui fit promettre de les entourer toujours de son respectueux dévouement. Cette brave fille est restée, en

(1) Mgr Mermillod.
(2) Mgr Mermillod.

effet, non plus un des serviteurs, mais une amie de notre famille. Comment ne pas apprécier et honorer par l'affection ces dévouements fidèles, si rares aujourd'hui !

Ma grand'mère avait demandé à être enterrée dans l'ancien cimetière de Saintes, auprès de son fils Gaspard, et non loin du lieu de sépulture de Jules et Henri, ses autres enfants, et de M. le chevalier de Turpin, son père. Mais son désir ne put être accompli. La municipalité de la ville refusa toute inhumation dans un cimetière prohibé et ne consentit point à faire d'exception pour la famille de Tilly. Ce fut, en quelque sorte, une permission de Dieu, car quelques années après, le cimetière, vendu à un simple particulier, fut dépouillé de ses tombes et devint un champ où la charrue effaça jusqu'aux dernières traces de la sépulture de tant de personnes vénérables, parents et amis.

C'est ainsi qu'en notre siècle de positivisme, on comprend le respect des morts !

Mme Le Gardeur de Tilly fut donc ensevelie dans le modeste cimetière de Pessines, au pied de la croix dont elle avait tant aimé l'héroïque symbole, à l'ombre de l'humble église qu'elle avait fait réparer à ses frais, et où son cœur s'était si souvent épanché devant le Dieu de l'Eucharistie, son unique force contre les épreuves de la vie !

Mon grand-père, avant de mourir, avait demandé de reposer auprès de sa sainte compagne. Ce désir a été pieusement accompli; depuis lors, c'est là, dans cet enclos béni, caché au milieu des arbres et de la verdure, que la famille de Tilly a choisi sa sépulture.

La dépouille mortelle de cette épouse, de cette mère au ciel, semble étendre sa protection sur ceux qui reposent auprès d'elle.

Le souvenir des éminentes vertus dont elle avait donné un si constant exemple dans la ville de Saintes et des environs, s'est conservé à travers les années.

Dernièrement encore, mon oncle Hippolyte de Tilly, passant dans un des faubourgs de la ville, fut arrêté par une vieille demoiselle qui, frappée sans doute d'une ressemblance, lui demanda s'il était le fils de Mme de Tilly. Ayant reçu une réponse affirmative, elle parla avec enthousiasme des vertus de notre sainte grand'mère, avouant avec beaucoup d'ingénuité qu'elle en avait reçu autrefois de salutaires avis.

Rien n'est plus touchant, rien n'est mieux fait pour encourager les âmes, que de recueillir de pareils témoignages! Elle est si rare de nos jours la fidélité des souvenirs!

Mais s'il est quelque chose en ce monde qui

puisse résister à l'oubli, c'est la vertu! Tandis que les plus brillantes existences, à peine disparues, s'effacent bientôt des mémoires humaines, les vies souvent bien humbles, bien obscures, reçoivent au contraire, après de longues années, l'hommage des générations, parce qu'elles ont été marquées du caractère glorieux de la sainteté.

Qu'elle est donc belle, qu'elle est donc admirable la religion catholique, puisque c'est elle qui fait les saints!

Oui, elle seule peut inspirer ces dévouements héroïques devant lesquels tout front s'incline!

Elle seule, avec ses espérances et ses secours, peut conduire les âmes, à travers les difficultés et les dangers, jusqu'au port de la bienheureuse éternité!

La croix est son arme victorieuse! Cette croix bénie, si éloquente dans son muet langage, ne nous enseigne-t-elle pas la seule science nécessaire en nous apprenant à souffrir? Souffrir en union avec le Dieu du Calvaire, pour triompher un jour — comme lui — par le signe glorieux de la Croix!...

9 782329 577753